BEI GRIN MACHT SICH IHR WISSEN BEZAHLT

- Wir veröffentlichen Ihre Hausarbeit, Bachelor- und Masterarbeit

- Ihr eigenes eBook und Buch - weltweit in allen wichtigen Shops

- Verdienen Sie an jedem Verkauf

Jetzt bei www.GRIN.com hochladen und kostenlos publizieren

Ariane C. D. Gramm

Serviceorientierte Architektur (SOA). Modewort von Softwareanbietern oder ernstzunehmendes Konzept?

GRIN Verlag

Bibliografische Information der Deutschen Nationalbibliothek:

Die Deutsche Bibliothek verzeichnet diese Publikation in der Deutschen National-
bibliografie; detaillierte bibliografische Daten sind im Internet über http://dnb.d-
nb.de/ abrufbar.

Impressum:

Copyright © 2007 GRIN Verlag GmbH
Druck und Bindung: Books on Demand GmbH, Norderstedt Germany
ISBN: 978-3-638-93273-8

Dieses Buch bei GRIN:

http://www.grin.com/de/e-book/69767/serviceorientierte-architektur-soa-modewort-
von-softwareanbietern-oder

GRIN - Your knowledge has value

Der GRIN Verlag publiziert seit 1998 wissenschaftliche Arbeiten von Studenten, Hochschullehrern und anderen Akademikern als eBook und gedrucktes Buch. Die Verlagswebsite www.grin.com ist die ideale Plattform zur Veröffentlichung von Hausarbeiten, Abschlussarbeiten, wissenschaftlichen Aufsätzen, Dissertationen und Fachbüchern.

Besuchen Sie uns im Internet:

http://www.grin.com/

http://www.facebook.com/grincom

http://www.twitter.com/grin_com

Universität Trier

Lehrstuhl für Wirtschaftsinformatik II

Seminar
Allgemeine und Spezielle
Wirtschaftsinformatik (E-Business)

Thema: Serviceorientierte Architektur

WS 2006/2007

Ariane Gramm

Abstract

Serviceorientierte Architektur – Mythos, Modewort und ernstzunehmendes Konzept.

Serviceorientierte Architektur ist das Schlagwort, das so viele kennen aber nur so wenige verstehen. Es ist ein oft benutztes Modewort, welches die unterschiedlichsten Softwareanbieter missbrauchen, um ihre Produkte zu verkaufen. Und serviceorientierte Architektur ist das zukunftsweisende Konzept zur standardisierten Applikationsintegration, welches zu Recht immer häufiger eingesetzt wird, um Geschäftsprozesse flexibel erstellen, anpassen und effektiv einsetzen zu können. Die vorliegende Arbeit geht den Irrtümern der serviceorientierten Architektur auf den Grund und erforscht die Historie, das Konzept und die Anwendungsgebiete derselben, um eine Prognose über die Zukunft dieser trendigen Architektur geben zu können.

Inhaltsverzeichnis

Abbildungsverzeichnis

1   Einführung

Wir befinden uns in einer sich durch Globalisierung und technologischen Fortschritt immer schneller entwickelnden Welt. Die bestehenden Applikationslandschaften vieler Unternehmen kennzeichnen sich dessen ungeachtet durch Inflexibilität und eine starke Heterogenität, entstanden aus einer Vielzahl unterschiedlicher Informationssysteme, die über die Jahre hinweg zusammen gekommen sind. Änderungen können nur schwer vorgenommen werden. Die Wartung ist äußerst kostspielig. Zugleich steht seitens der Unternehmen der Wunsch im Raum, auf die sich stetig verändernden Markt-/Umweltbedingungen zeitgleich (quasi in Echtzeit) reagieren zu können, um so wettbewerbsfähig zu sein und das optimale Geschäftsergebnis zu erzielen. Die Realisierung des so genannten „Echtzeitunternehmens" ist schon seit langem ein Traum, dem die vorhandenen Applikationen nicht gerecht werden können.

Serviceorientierte Architekturen (kurz: „SOA") sollen diesen Traum nun endlich verwirklichen. Sie sind die trendweisende Lösung, um Geschäftsprozesse effizient und effektiv abbilden, anpassen und einsetzen zu können. Aufgrund der großen Hoffnungen, die dadurch in SOA gesteckt werden, kommt es jedoch auch zu zahlreichen Überinterpretationen und Missverständnissen, die hauptsächlich den Marketingstrategen der Softwareanbieter zuzuschreiben sind. Die vorliegende Arbeit verfolgt daher das Ziel, zu klären, worum es sich bei dem Mythos der serviceorientierten Architektur handelt und in der Folge, die gegenwärtigen Missverständnisse zu benennen und aufzuklären.

Dabei wird zunächst der Begriff der serviceorientierten Architektur hergeleitet, was aufgrund der Vielzahl an uneinheitlichen Definitionen über die Begriffsbestandteile Softwarearchitektur und Serviceorientierung erfolgen muss. Daraufhin kann auf die Details von SOA eingegangen werden. Merkmale, Services, Rollen, Rollenaktionen und Enterprise Service Bus werden erläutert. Im dritten Kapitel werden konkrete Anwendungsgebiete vorgestellt, die auch anhand eines Beispiels aus dem Finanzsektor untermalt werden. Abschließend werden dann die Vergangenheit, Gegenwart und Zukunft von SOA beleuchtet, um eine Prognose über dessen Entwicklung zu wagen.

2 Herleitung des Begriffs „Serviceorientierte Architektur"

Zunächst erfolgt eine Herleitung der Begriffe „Architektur" oder genauer „Softwarearchitektur" und „Serviceorientierung", die schließlich in eine Definition von „Serviceorientierter Architektur" mündet. Letzteres stellt ein schwieriges Unterfangen dar, weil sich die Literatur nicht über eine einheitliche Begriffsdefinition einig ist. Dennoch soll hier der Versuch unternommen werden, einen allgemeingültigen Konsens zu finden, der sich aus der Begriffsherleitung und beispielhaften Definitionen ergeben wird.

2.1 Softwarearchitektur

Eine „Softwarearchitektur" lässt sich laut Balzert definieren als „strukturierte oder hierarchische Anordnung der Systemkomponenten sowie Beschreibung ihrer Beziehungen" [1]. Es werden also sowohl statische (Komponenten) als auch dynamische (Zusammenwirken der Komponenten über Schnittstellen) Aspekte betrachtet. [2] Was eine Komponente im Detail darstellen soll, ist abhängig von der jeweiligen Art der verwendeten Architektur. Die wohl bekanntesten Architekturmuster (Arten von Softwarearchitekturen) werden hier beleuchtet:

- Das bewährteste Architekturmuster ist die hierarchische Schichtenarchitektur, bei der Komponenten, die sich auf einer bestimmten Schicht befinden, immer nur auf solche Komponenten zugreifen können, die sich auf einer darunter liegenden Schicht (auch über mehrere Schichten hinweg) befinden.

- Bei der Client/Server-Architektur greifen meist viele Clients auf wenige Server zu.

- In Peer-to-Peer-Architekturen können Komponenten je nach Bedarf sowohl die Client- als auch die Server-Rolle einnehmen.

- Auch serviceorientierte Architekturen erfreuen sich einer steigenden Popularität.

Die Qualität der jeweiligen Softwarearchitektur ist schwer zu quantifizieren und meist nur subjektiv über die beiden Kriterien „Verständlichkeit" und „Ästhetik" zu bewerten. Eine Möglichkeit festzustellen, wie gut oder wie schlecht sie ist, besteht aber in der Bestimmung der Güte des Softwaresystems, welches basierend auf der Architektur erstellt wird. Zeichnet sich ein System unter anderem insbesondere durch Sicherheit, Verlässlichkeit, Performanz, Wiederverwendbarkeit der Komponenten und Änderbarkeit aus, so können ihm und damit der architektonischen Grundlage Vertrauen geschenkt werden. [3]

2.2 Serviceorientierung

Laut Gartner Research wird bei der Serviceorientierung die Technik in den Hintergrund gestellt, während den Geschäftsprozessen eines Unternehmens alle Beachtung zukommt. [4]

„Geschäftsprozesse sind funktionsübergreifende Verkettungen wertschöpfender Aktivitäten, die von Kunden erwartete Leistungen erzeugen und deren Ergebnisse strategische Bedeutung für das Unternehmen haben." [5]

Diese Prozesse liegen zumeist in einer technischen Form vor, in der die Fachabteilung sie nur schwerfällig und nicht ohne die Hilfe der IT-Abteilung anpassen kann. Im Gegenzug hat die IT wenig Wissen über die Zusammenhänge und Ziele der Prozesse, welche durch die Fachabteilung formuliert werden.

Der Servicegedanke soll hier Abhilfe verschaffen, indem die Geschäftsprozesse zunächst in Bausteine aufgebrochen, analysiert, dokumentiert und schließlich entsprechend ihrer jeweiligen fachlichen Aufgabe gegliedert werden (sog. „Orchestrierung"). Die Orchestrierung ermöglicht es, die Bausteine (sog. „Services") immer wieder neu zusammenzusetzen, auszubauen und zu ändern. [6] Ein Service ist demnach „eine feste, definierte Leistung, die als Element eines oder mehrerer größerer Verarbeitungsabläufe verwendet werden kann" [7].

Ziel der Serviceorientierung ist also, Prozesse und Teilprozesse möglichst umfassend aus serviceorientiert strukturierten Fachkomponenten zu orchestrieren. [8] Dadurch wird die IT automatisch näher am Geschäft positioniert, wodurch sie sinnvoller eingesetzt und klarer verstanden werden kann. [6] Die Arbeit der Fachabteilung wird erleichtert, da die Prozesse und deren Anpassbarkeit an sich ständig wandelnde Umweltbedingungen beschleunigt und flexibilisiert werden. Die Serviceorientierung soll somit das so genannte „Echtzeitunternehmen" realisieren (*Vgl. Kap. 5.2.1*).

2.3 Definition

Nun wird der Versuch unternommen, eine Definition für eine serviceorientierte Architektur aufzuzeigen.

Der Begriff „Serviceorientierte Architektur" wurde im Jahre 1999 von Gartner Research geprägt. Sie definierten SOA damals so: "Service-oriented architecture is a best-practice architecture pattern for the systematic design of request/reply applications. Its primary intentions are business-level software modularity and rapid, nonintrusive reuse of business software in new runtime contexts." [9]

Diese Definition ist jedoch in der Literatur nicht allgemein anerkannt. Zahlreiche weitere Ansätze existieren, die in ihrer Aussage teilweise stark voneinander abweichen. Im Folgenden einige Beispiele:

- „Unter einer SOA versteht man eine Systemarchitektur, die vielfältige, verschiedene und eventuell inkompatible Methoden oder Applikationen als wieder verwendbare und offen zugreifbare Dienste repräsentiert und dadurch eine plattform- und sprachenunabhängige Nutzung und Wiederverwendung ermöglicht." [10]
- „SOA ist ein Architekturmuster, das den Aufbau einer Anwendungslandschaft aus einzelnen fachlichen Anwendungsbausteinen beschreibt, die jeweils eine klar umrissene fachliche Aufgabe wahrnehmen. Die Anwendungsbausteine sind lose miteinander gekoppelt, indem sie einander ihre Funktionalitäten in Form von Services anbieten." [7]
- "[…] a software architecture that is based on the key concepts of an application front end, service, service repository, and service bus." [11]

- "A design model based on the concept of encapsulating application functionality within services that interact via a common communications protocol." [12]

- "[…] an approach to the development of loosely coupled, protocol-independent distributed applications […]." [13]

Wie man sieht, bestehen zwar immer wieder Überlappungen in den Definitionen, jedoch fehlen meistens Aspekte in der einen, die von einer anderen als entscheidend angesehen werden. Bei sämtlichen Definitionen gibt es eine Gratwanderung „zwischen einer zu allgemeinen, alles erschlagenden Formulierung und einer sehr speziellen, die auf viele Fälle nicht anwendbar ist". [10]

Ausgehend von den in den beiden obigen Abschnitten getroffenen Aussagen über Softwarearchitektur und Serviceorientierung und dem Versuch, einen Konsens in den genannten Definitionen zu finden, ergibt sich folgende Definition für eine serviceorientierte Architektur:

„SOA stellt die fachlichen Dienste (Services) eines Unternehmens – als Basis einer Integration von Anwendungen – in den Mittelpunkt der Betrachtungen. Wesentliche Ziele von SOA sind:

- lose Kopplung von Softwaresystemen,

- höhere Agilität von Geschäftsprozessen,

- verbesserte Wiederverwendung sowohl von Softwaresystemen als auch von Geschäftsprozessen." [14]

3   Das Konzept hinter SOA

Nachdem im vorangegangenen Kapitel die Begriffsbestimmung der serviceorientierten Architektur erfolgt ist, wird nun zunächst näher auf die in der Definition erwähnten Eigenschaften eingegangen. „Lose Kopplung" ist dabei nur ein wesentliches Merkmal einer SOA, welches im folgenden Abschnitt unter anderem behandelt wird.

3.1   Hauptmerkmale einer SOA

Die Eigenschaften einer SOA können durch einen so genannten „SOA-Tempel" dargestellt werden, der sich durch ein dreigeteiltes Fundament und vier Säulen auszeichnet *(siehe Abbildung 1)*. [10] Hierbei muss jedoch bedacht werden, dass lediglich die wichtigsten Merkmale einer SOA abgebildet werden.

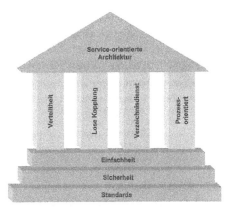

Abbildung 1: Der „SOA-Tempel" [10]

Das Fundament einer serviceorientierten Architektur beinhaltet die *Verwendung von offenen Standards*, um die Kommunikation mit allen potenziellen Teilnehmern zu ermöglichen. Dies befähigt SOA dazu, von einer breiten Masse an Anwendern akzeptiert zu werden. SOA steigert somit gleichzeitig die Verbreitung von Standards. Die Verwendung dieser ist nämlich eine unabdingbare Grundvoraussetzung für den Gebrauch einer serviceorientierten Architektur.

Die *Sicherheit* wird als weiterer Fundamentbaustein genannt, bezieht sich aber vielmehr auf die technologische Umsetzung einer SOA beispielsweise mittels Web Services, da Merkmale wie Vertraulichkeit, Authentifizierung, Autorisation und Konsistenz nur durch die jeweilige Technologie erfüllt werden können.

Unter *Einfachheit* wird die Beachtung des Softwareentwicklungsparadigmas „Trennung von Schnittstelle und Implementierung" verstanden, welche die aufwandslose Wiederverwendung von Diensten in anderem Zusammenhang oder verschiedenen Umgebungen ermöglicht. Auch dieses Merkmal sorgt für eine breite Akzeptanz, da es die Umsetzung von SOA erleichtert.

Diese drei Bestandteile des Fundaments werden als Voraussetzungen für eine serviceorientierte Architektur angesehen, wobei sich der Aspekt der Sicherheit teilweise aus der Einfachheit (erst durch die Trennung von Schnittstelle und Implementierung kann die Architektur effizient geschützt werden) und der Verwendung von Standards (Standards sind erprobt und daher von Grund auf sicher) zusammensetzt und damit im Tempel nicht korrekt abgebildet ist. Der Erfolg einer SOA wäre ohne dieses Fundament nicht gewährleistet.

Die vier Säulen des Tempels beschreiben die Merkmale, welche eine serviceorientierte Architektur ausmachen und einzigartig erscheinen lassen. Dazu gehört insbesondere die *lose Kopplung* von Diensten. Dies bedeutet, dass Dienste möglichst unabhängig von den Applikationen oder anderen Diensten, die sie aufrufen, erstellt werden. Hierdurch wird die independente Weiterentwicklung von Diensten oder Servicenutzern (Austausch oder Adaption von Services) ermöglicht. Ein weiteres Merkmal, welches den Gedanken der losen Kopplung noch erweitert, ist die *Verteiltheit*. Die einzelnen Dienste, die in sich geschlossen und damit von modularer Struktur sind, können sich an beliebigen Orten unabhängig vom Einsatzzweck oder den potenziellen Nutzern befinden. Dies ermöglicht ein *Verzeichnisdienst*, welcher zur Verfügung stehende Dienste registriert und dem potenziellen Nutzer bei Bedarf die Suche nach spezifischen Diensten in diesen Registrierungen gestattet. Diese Funktion ist daher vergleichbar mit den Gelben Seiten.

Die vierte Säule beschäftigt sich mit der *Prozessorientierung*. Dienste stellen (Teil-)Prozesse eines Unternehmens dar, die jeweils für sich eine spezifische Funktionalität/Aufgabe erfüllen. Durch Orchestrierung können Dienste in ständig wechselndem Kontext zu einem so genannten „Workflow" zusammengesetzt werden, wodurch ein Arbeitsablauf abgebildet und schnell angepasst werden kann. Eine flexible Wiederverwendung von Diensten ist dadurch gewährleistet.

Was erneut nicht aus der Säulenmetapher des SOA-Tempels hervorgeht, ist, dass die Modularität und lose Kopplung von Diensten die Voraussetzung für eine Prozessorientierung bilden. Um diesen Zusammenhang zu verdeutlichen, wird im folgenden Abschnitt detailliert auf Dienste eingegangen.

3.2   Das Herz von SOA: Dienste

Serviceorientierte Architekturen beschäftigen sich unter anderem mit „Entwurf, Implementierung, Deployment, Wiederverwendung, vereinfachter Verwendung und Suche nach Services". [15] In einer solchen Architektur dienen Dienste zur Vereinfachung des Zugriffs auf die Logik einer Komponente. Während eine Komponente die technische Implementierung der Architektur in den Mittelpunkt stellt, ist ein Dienst für die fachliche Abbildung eines Geschäftsprozesses auf der Komponente zuständig.

Gartner Research beschreibt den Begriff „Dienst", der keiner in der Literatur allgemeingültigen Definition unterliegt, so, dass SOA eine Beziehung zwischen Diensten und Dienstnutzern
darstellt, wobei ein Dienst eine gekapselte Softwarekomponente verkörpert, „that is rendered
as a pair of separately defined elements – service interface and service implementation" [9].

Das *Interface* ist dabei sowohl für die Identifizierung des Dienstes als auch für die Aushand-
lung und Durchführung des Zugriffs durch den Nutzer auf den Dienst zuständig, während die
Dienstimplementierung die eigentliche Businessfunktionalität erfüllt. Letztere kann entweder
eine eigenständige neue Funktion in sich binden oder aber mehrere bereits existierende Soft-
warekomponenten in sich zu einer Implementierung vereinen. Diese Umsetzungsdetails haben
Black Box-Charakter, bleiben also dem Dienstnutzer verborgen (sog. „Kapselung").

Das Service-Interface hingegen muss öffentlich in einer für Maschinen lesbaren so genannten
„Service Description" beschrieben sein. In dieser Beschreibung werden die funktionalen und
nicht-funktionalen Anforderungen des Dienstes festgehalten. Ein wichtiges Ziel bei der Pro-
grammierung des Interfaces ist, dass diese möglichst unabhängig von der Implementierung,
der verwendeten Programmiersprache und der Plattform erfolgen sollte, um die Wiederverwendung eines Dienstes zu ermöglichen.

Bei der Definition von Services sollte daher darauf geachtet werden, dass besser wenige
grobgranulare (fachliche) Dienste gebildet werden, anstelle von vielen, sehr speziellen und
damit feingranularen Services. Einen guten Service erkennt man daran, dass er vollständig
(enthält also die geforderte Fachlichkeit) und redundanzfrei (keine Notwendigkeit zu doppel-
ten Abfragen) ist. [16]

3.3   Rollen und Aktionen in einer SOA

Rund um das Angebot von und die Nachfrage nach Diensten lässt sich das Konzept der serviceorientierten Architektur über die Verwendung von drei Rollen und einer Hand voll Aktionen abbilden.

Die Beteiligten einer SOA sind [10]

- der Anbieter von Diensten,
- ein Verzeichnisdienst zur Veröffentlichung der Dienste und
- die Nutzer der Dienste.

Sie werden im Folgenden genauer beschrieben. Darauf aufbauend wird auf die Aktionen zwischen den einzelnen Rollen eingegangen.

3.3.1   Dienstanbieter

Der Dienstanbieter stellt eine Plattform zur Verfügung, auf der die von ihm angebotenen
Dienste für andere zugreifbar sind. Er muss hierbei nicht notwendigerweise der Entwickler
des Dienstes sein. Es ist auch möglich, dass der Anbieter mehrere einfache Dienste zu einem
größeren, mächtigeren Dienst bündelt oder fremden Diensten auf seiner Plattform einen ver-

einfachten Zugriff ermöglicht. Der Dienstanbieter kümmert sich grundsätzlich um die Entwicklung, den Betrieb und die Wartung einer Infrastruktur für die Dienste. Quality of Service-Aspekte, wie Verfügbarkeit, Zuverlässigkeit und Datensicherung, müssen in diesem Kontext von ihm gewährleistet werden. [10] Besondere Betonung finden hier Sicherheitsaspekte, denen der Anbieter nachkommen muss. Dazu zählen die Authentifizierung (Prüfung der Identität) und die Authentisierung (Berechtigung der Anfrage).

Er ist außerdem dafür zuständig, seine Dienste in einem Dienstverzeichnis zu veröffentlichen, so dass sie von potenziellen Dienstnutzern gefunden werden können. Kritisch zu sehen ist, dass ein Dienstnutzer vom Anbieter abhängig werden kann, wenn der benötigte Dienst nur auf einer Plattform angeboten wird. [7]

3.3.2 Dienstverzeichnis

Dienstverzeichnisse (auch „Registry" genannt) lassen sich mit den Gelben Seiten vergleichen. Hier werden zur Verfügung stehende Dienste registriert, so dass sie von potenziellen Nutzern leichter aufgefunden werden können. Der Registrierungsvorgang muss dabei von den Anbietern selbst angestoßen werden. Die Suche im Verzeichnis soll durch den Aufbau von Klassifizierungen vereinfacht werden. Hierbei werden Dienste beispielsweise entsprechend ihres Einsatzzwecks oder ihrer Abhängigkeit von anderen Diensten kategorisiert und jeweils genau einer Kategorie zugeordnet. [10]

Eine Registry wird technisch entweder mit Hilfe des Standards UDDI (Abkürzung für „Universal Description, Discovery and Integration") oder aber durch eine unternehmensinterne Entwicklung umgesetzt. [17] Die meisten Unternehmen haben gleich mehrere Registrys. Es gibt beispielsweise oft je einen Verzeichnisdienst für unternehmensinterne Angebote und externe Zugriffe, sowie eine Test-Registry. Eine Einteilung in weitere Unterbereiche ist denkbar, so dass potenzielle Nutzer bei einem Ausfall des einen Verzeichnisses an ein anderes weitergeleitet werden können. [10]

3.3.3 Dienstnutzer

Ein Dienstnutzer ist für gewöhnlich kein Mensch sondern eine Applikation. Ihr Ziel ist, einen Dienst aufzurufen, um mit dessen Hilfe eine gewünschte Funktion ausführen zu können. Voraussetzung hierfür ist, dass auf Seiten des Nutzers und des Dienstes standardmäßige Schnittstellen und Protokolle existieren, welche die Kommunikation ermöglichen. Häufig wird das Protokoll SOAP (Abkürzung für „Simple Object Access Protocol") verwendet. [17] Der Nutzer muss dem Anbieter des Dienstes nicht notwendigerweise bekannt sein.

3.3.4 Die Aktionen

Die einzelnen Aktionen, die zwischen den Rollen ausgeführt werden können, werden in nachstehender Abbildung modellhaft veranschaulicht und können in Form eines fünfschrittigen Ablaufs erläutert werden.

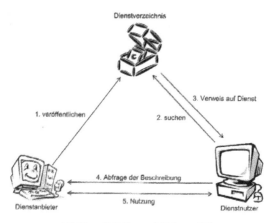

Abbildung 2: Rollen und Aktionen [10]

0) Vorab installiert der Dienstanbieter einen Dienst auf seiner Plattform. Dieser Vorgang wird „Deployment" genannt und ist leider nicht in obiger Illustration vorhanden, da er die Grundvoraussetzung für die folgenden Schritte darstellt.

1) Damit potenzielle Nutzer einen Dienst auffinden können, muss dieser mittels eines Eintrags im Dienstverzeichnis veröffentlicht werden.

2) Daraufhin können Nutzer die auf Taxonomien oder Ontologien basierende Dienstbeschreibung im Verzeichnis durchsuchen.

3) Die Registry antwortet auf die Nutzeranfrage, indem sie einen Verweis auf den benötigten Dienst zurückgibt.

4) Auf Basis dieses Verweises kann der potenzielle Nutzer beim Dienstanbieter die Beschreibung des Dienstes abfragen, um herauszufinden, wie mit diesem interagiert werden kann. Die Nutzungsrichtlinien (Zertifikate, Authentifizierungsform etc.) werden ausgetauscht.

5) Konnten sich Nutzer und Anbieter über die Bestimmungen einigen, so resultiert die Nutzung des Dienstes.

3.4   Der Enterprise Service Bus als Infrastruktur

Ein weiterer Teil des SOA-Konzepts wird durch den so genannten Enterprise Service Bus (kurz: ESB) dargestellt. Auch hier gibt es weder eine allgemeingültige Definition noch eine einheitliche Meinung darüber, was der ESB im Detail darstellt. Grundsätzlich gibt es zwei Vorstellungen über ihn: [18]

• Die Einen sehen ihn als ein *Konzept* für die zu implementierende Lösung an, mit der die Infrastruktur für die Informationsweitergabe eines Unternehmens aufgebaut wird.

• Die Anderen, zu denen hauptsächlich Softwareanbieter gehören, halten den ESB für ein greifbares *Produkt*, wie beispielsweise IBM WebSphere ESB oder BEA AquaLogic Service Bus.

Letztendlich sind diese beiden Vorstellungen über die Eigenschaften des ESB laut Konzept und die Funktionalitäten des jeweiligen Produkts aber miteinander verknüpft, die starken Übereinstimmungen unterliegen.

Der Enterprise Service Bus verkörpert demnach eine Middleware mit den folgenden grundlegenden Konzepteigenschaften/Produktfunktionalitäten: [18]

- Integration heterogener Applikationen in ein serviceorientiertes Modell
- Kommunikation mit allen angeschlossenen Applikationen unabhängig von deren verwendeten Protokollen (bei inkompatiblen Formaten erfolgt eine Transformation)
- Ortstransparenz: der Dienstnutzer kommuniziert mit dem Anbieter ohne Kenntnis über seinen Standort. Der ESB sorgt für das Auffinden des Dienstes.
- Zentrale Administration des ESB.

Abbildung 3 verdeutlicht den architektonischen Aufbau eines ESB.

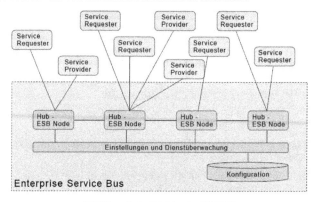

Abbildung 3: Architektur des ESB [18]

Er setzt sich zusammen aus einer beliebigen Anzahl an Knoten (sog. „Nodes"), die externe Schnittstellen darstellen und technisch bspw. als Anwendungsserver realisiert sind. Ein Dienst kann jeden beliebigen Knoten ansprechen. Da die Knoten miteinander verbunden sind, können Dienste ressourcensparend über diese kommunizieren, weshalb ein solcher Knoten hier auch „Hub" genannt wird. Eingehende Nachrichten eines Dienstnutzers (sog. „Service Requester") werden jedoch nur an den bestimmten Dienstanbieter (sog. „Service Provider") oder umgekehrt und nicht, wie bei einem gewöhnlichen Hub, an alle Ausgänge verschickt.

Ein weiteres Hauptmerkmal des ESB ist die Konfigurationskomponente. Sie ist eine nach Außen homogene Schnittstelle, die dafür sorgt, dass die Knoten zentral administriert werden können. Die Knoten können überwacht und bei Zeiten neu konfiguriert werden. Die Komplexität des ESB ist damit für die Dienste nicht sichtbar, so dass in Abbildungen zumeist auf die Darstellung der Knoten und Konfigurationskomponente verzichtet wird und nur eine allgemeine Middleware-Schicht als ESB abgebildet wird. *(Vgl. Kap. 5.1.3)*

4   SOA in der Praxis

Grundsätzlich kann jedes Unternehmen eine serviceorientierte Architektur implementieren. SOA wurde nicht für eine spezielle Branche oder eine gewisse Unternehmensgröße entwickelt. Zumeist liegen die Gründe für den Gebrauch einer SOA daher in der Zielsetzung eines Unternehmens.

Die Art und Weise, wie Unternehmen SOA verwenden, kann in die zwei Gattungen „innerbetriebliche" und „überbetriebliche Anwendung" unterteilt werden, wobei ein Unternehmen auch beide Arten gleichzeitig realisieren kann. [19] Die *innerbetriebliche* Anwendung beschäftigt sich ausschließlich mit der Abbildung der unternehmensinternen Geschäftsprozesse, wobei die Implementierung entweder nur bestimmte Prozesse/Geschäftsbereiche betreffen oder unternehmensweit erfolgen kann. Dies ist unter anderem abhängig von der Größe und Struktur des jeweiligen Unternehmens. Die *überbetriebliche* Anwendung versucht hingegen mehrere Unternehmen wie Hersteller, Händler und Zulieferer oder auch zahlreiche Geschäftsstellen/Tochterunternehmen miteinander zu vernetzen, um beispielsweise Angebots- und Bestellprozesse zu optimieren oder eine Integration der vorhandenen IT-Systeme zu erreichen.

Laut eines Arbeitsberichts der Universität St. Gallen, in dem die Einsatzgebiete von SOA anhand der Betrachtung von sechs Fallbeispielen aus der inner- sowie überbetrieblichen Anwendung ausführlich analysiert wurden, können die folgenden drei typischen Anwendungsbereiche von SOA identifiziert werden: [19]

- Infrastruktur zur standardisierten Integration,
- Simplifizierung der bestehenden Applikationsarchitektur und
- Vermarktung der Dienste als IT-Produkte.

Im Kommenden werden diese Bereiche zunächst theoretisch erläutert und abschließend mit einem Anwendungsbeispiel aus der Finanzwelt praktisch fundiert.

4.1   Infrastruktur zur standardisierten Integration

Eine serviceorientierte Architektur wird dazu benutzt, um die Vielfalt an Technologien und Plattformen auf einen Standard zu reduzieren. Daraus resultieren sinkende Wartungskosten, aufgrund der mittels SOA integrierten Systeme, und eine plattformunabhängige Nutzung der vorhandenen Funktionalitäten. Neue Funktionalitäten können schneller und mit geringem Spezialwissen der Mitarbeiter realisiert werden.

Bei diesem Anwendungsgebiet von SOA werden also die gleichen Ziele verfolgt wie bei der Enterprise Application Integration. Bei der Realisierung einer standardisierten Integrationsinfrastruktur auf Basis einer serviceorientierten Architektur muss allerdings bedacht werden, dass eine zu starke Konzentration auf die technische Realisierung von SOA eine beschränkte Wiederverwendbarkeit der Dienste bewirken kann. Auch und insbesondere die fachlichen Aspekte der Services müssen überarbeitet werden. [19]

4.2 Simplifizierung der bestehenden Applikationsarchitektur

SOA dient hier einerseits zur Auflösung von bestehenden Redundanzen in Daten und Funktionalitäten und andererseits zur Herstellung des Programmierparadigmas: Trennung von Implementierung und Fachlichkeit. Im Gegensatz zur standardisierten Integrationsinfrastruktur muss hier also nicht nur auf technische sondern insbesondere auf fachliche Aspekte höchster Wert gelegt werden. Die Daten und Funktionalitäten müssen auf Basis ihrer logischen Abhängigkeiten und der zugehörigen Geschäftsprozesse strukturiert werden. Bei dieser Strukturierung ist insbesondere eine geeignete fachliche Granularität zu beachten. Die unternehmensinterne organisatorische Verantwortung für die jeweiligen Services ist damit durch den fachlichen Aufbau derselben klar geregelt. Die serviceorientierte Architektur verzichtet auf Redundanzen und ermöglicht stattdessen die Wiederverwendung der vorhandenen Funktionalitäten. Die Wartungs- und Implementierungskosten werden dadurch gesenkt und neue oder sich verändernde Geschäftsanforderungen können aufgrund von Geschwindigkeits- und Flexibilitätsvorteilen schneller umgesetzt werden. [19]

4.3 Vermarktung der Dienste als IT-Produkte

SOA wird angewendet, um Services als vermarktbare IT-Produkte anzubieten. Dienste können dadurch also entweder auf Seiten des Servicenutzers fremdbezogen oder auf Seiten des Serviceanbieters für die Erweiterung des eigenen Dienstleistungsangebots benutzt werden. [19] Dies wird unter dem Begriff „Business Process Outsourcing" zusammengefasst. „Die Grundidee von Business Process Outsourcing besteht darin, dass Unternehmen oder Organisationen komplette Geschäftsprozesse, die nicht zu ihren Kernaufgaben zählen, an einen Spezialisten vergeben – er versteht sein ‚Handwerk' besser. Was für das auslagernde Unternehmen Nebensache ist, stellt die besondere Kompetenz des Dienstleisters dar." [20]

Die Services werden als IT-Produkte einzeln verrechenbar gemacht. Der Bezug der Services muss dabei, wie bei herkömmlichen Produkten, konkreten festzulegenden vertraglichen Regelungen unterliegen. Voraussetzung für das Outsourcing der Dienste ist eine hinreichende Modularisierung der bestehenden Applikationen. Auch Risiken, die sich durch Marktveränderungen (Bsp.: Bankrott des Dienstanbieters) oder technische Anforderungen (Bsp.: schlechte Verfügbarkeit über das Internet) ergeben, müssen bedacht werden. [19]

Business Process Outsourcing erfreut sich dennoch zunehmender Beliebtheit in Deutschland. Es wird besonders häufig für das Finanz- und Rechnungswesen benutzt, welches auch im folgenden Anwendungsbeispiel im Mittelpunkt steht. [20]

4.4 Beispiel: Swiss Banking Platform der Zuger Kantonalbank

Die meist genutzte Schweizer Bankenplattform wird von ca. 70 Schweizer Banken eingesetzt (9 Milliarden Franken Bilanzsumme in 2004 [21]). Sie ist eine so genannte „Gesamtbankenlösung" (Unterstützung verschiedenster Geschäftsmodelle für Banken), über die nahezu die komplette Wertschöpfungs- und Prozesskette im Finanzbereich abgewickelt werden kann. Die Funktionalitäten sind modular aufgebaut, so dass die Kunden/Banken viel genutzte Prozesse an die Plattform auslagern können. „Z.B. nutzen Banken, die ein umfassendes Produktange-bot selbst produzieren und vertreiben, die gesamte Funktionalität der Plattform. Sog. ‚Koope-rationsbanken' hingegen lagern gewisse Basisprozesse (z.b. das Wertschriftenmanagement, die Kontenbewirtschaftung etc.) an Partner aus, während ‚Tochterbanken' nur Verkaufs- und Beratungsprozesse ausführen und die zentralen Management-, Unterstützungs- und Produkti-onsprozesse dem Stammhaus überlassen." [19]

Daher wurde auf Basis von typischen Bankprozessen und –produkten eine Domänenarchitek-tur erstellt *(siehe Abbildung 4)*, bei der für jede Domäne zugehörige Services auf ihren Daten und Funktionen definiert wurden.

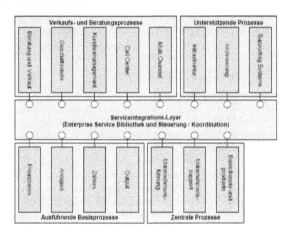

Abbildung 4: Domänenarchitektur der Swiss Banking Platform [22]

Über einen Serviceintegrationslayer (J2EE) sind alle Domänen miteinander verbunden und können koordiniert werden. Ein domänenübergreifender Geschäftsprozess kann so über den Layer ausgeführt werden. [19] Die Integrationsinfrastruktur der Swiss Banking Platform wird durch die SAP NetWeaver-Plattform implementiert. [22]

5   Die Entwicklung von SOA

Das vorliegende Kapitel wird die Vergangenheit, Gegenwart und Zukunft der serviceorientierten Architektur beleuchten.

Es beginnt mit der Evolution der Applikationsintegration, an dessen Ende SOA eine Antwort auf die defizitären Integrationsmodelle der Vergangenheit liefern wird. Daraufhin wird der gegenwärtige „Run" auf serviceorientierte Architekturen in seinen vielseitigen Facetten aufgezeigt und begründet/widerlegt, so dass im letzten Teil des Kapitels eine von diesem Hype bereinigte Prognose für die Zukunft von SOA abgeleitet werden kann.

5.1   Historie

Im Folgenden wird die Entwicklung der Modelle zur Applikationsintegration in drei Schritten/Generationen aufgezeigt, welche der Einordnung von SOA in dieses Gefüge dienen soll.

5.1.1   Generation 1: Point-to-Point Integration

In dieser frühen Periode der Integrationsmodelle bestehen zwischen den zahlreichen Parteien individuelle Kommunikationslinien, welche in eine äußerst komplexe Art der Integration resultieren. [23] Abbildung 5 verleiht diesem „Spaghetti-ähnlichen" Gebilde Ausdruck.

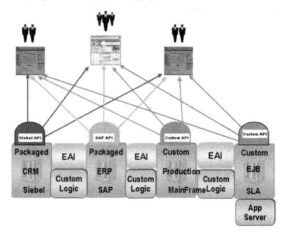

Abbildung 5: Generation 1: Point-to-Point Integration [24] *(Abb. leicht verändert)*

Im oberen Bereich befinden sich die Client-Applikationen. Unten ist der Server, auf dem sich die unterschiedlichsten Applikationen wie beispielsweise CRM- und ERP-Systeme befinden. Jede Applikation verfügt über eine unterschiedliche Schnittstelle (API), so dass sich eine Vielzahl von Punkt-zu-Punkt-Kommunikationslinien (Tupel) in Verbindung mit den Clients ergibt. Die Applikationen, die zusätzlich miteinander kommunizieren und eine gemeinsame Semantik haben, sind über individuelle Logiken miteinander verbunden.

Diese Art der Integration ist äußerst inflexibel, da jeder neue Client erst seine eigenen Kommunikationsbeziehungen mit den Applikationen benötigt. Es können außerdem immer nur genau zwei Parteien miteinander kommunizieren. Diese „private" Verbindung ist jedoch grundsätzlich wenig sicher. [23]

5.1.2   Generation 2: Message Based Integration

Die zweite Generation ist dadurch gekennzeichnet, dass die zahlreichen Kommunikationslinien der Point-to-Point Integration durch die Einführung eines von den restlichen Applikationen unabhängigen Message Bus oder Middleware reduziert werden *(siehe Abbildung 6).*

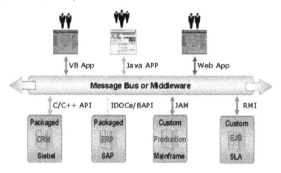

Abbildung 6: Generation 2: Message Based Integration [24]

Die Tupel werden durch eine einzelne Verbindung einer jeden Anwendung zur Middleware ersetzt. Letztere stellt eine Art Router dar, die Nachrichten in der systemspezifischen Sprache annimmt, sie transformiert und in der vom Empfänger benötigten Sprache an diesen weiterleitet. Der Empfänger muss zu dem gegebenen Zeitpunkt nicht aktiv sein, da die Nachrichten in diesem Fall gesammelt werden.

Diese Art der Integration ist besonders gut geeignet, wenn viele Applikationen untereinander kommunizieren und dabei keine gemeinsame Semantik teilen, so dass eine maßgefertigte Logik zwischen den einzelnen Anwendungen wie beispielsweise CRM und ERP nicht benötigt wird.

5.1.3   Generation 3: Service-oriented Integration (SOA)

Während sich in der zweiten Generation der Austausch von Nachrichten noch im Mittelpunkt befand, geht es bei der service-orientierten Integration um Geschäftsprozesse. Diese werden mit Hilfe der Middleware durch die Orchestrierung von Services gebildet und sind somit als Set von Services für die Applikationen erreichbar. Der Artenreichtum an Schnittstellen wird außerdem durch die Einführung von standardbasierten Services behoben *(siehe Abbildung 7),* über die leicht kommuniziert werden kann und ein einfacher, konsistenter Zugriff auf die Services gewährleistet wird. [24]

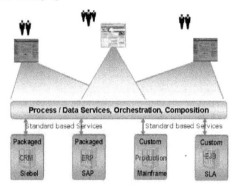

Abbildung 7: Generation 3: Service-oriented Integration [24]

Einzelne Services können aufgrund ihrer Unabhängigkeit voneinander leicht ausgetauscht oder verändert werden. Orchestrierte Services sind von den Servicenutzern leicht abrufbar und können bei Bedarf neu zusammengestellt werden.

5.2   Der Hype um SOA

Serviceorientierte Architekturen liegen gegenwärtig im Trend des Software-Engineerings. Gefragt sind derzeit Architekturen, die [4]

- einerseits die Wiederverwendung bereits vorhandener oder externer Business-Logik in Kombination mit neuen Komponenten ermöglichen und
- andererseits den Zugriff unterschiedlicher Benutzerkategorien in verschiedensten Situationen und unter Verwendung einer großen Auswahl von Geräten auf das gleiche Set von Businessfunktionen zulassen.

Der Hype um SOA kann durch die nachfolgenden drei weiteren einschlagenden Bewegungen erklärt werden.

5.2.1   Die Realisierung des Echtzeitunternehmens

Erfolgreiche Unternehmen müssen heute flexibler als je zuvor auf Änderungen der Umweltbedingungen und der Unternehmensstruktur reagieren können. Die Kommunikationsbeziehungen innerhalb und zwischen Unternehmen müssen im gleichen Tempo aufgebaut werden, wie sich die Strukturen durch die „globale Wirtschaft" bilden, welche unter anderem durch die folgenden Merkmale gekennzeichnet ist:

- Erschließung neuer Märkte,
- andauernde Veränderungen in den Beziehungen der Unternehmen untereinander,
- stetige Umstrukturierungen durch Fusionen und

- Auslagerung von ganzen Geschäftsbereichen.

Dies bedeutet beispielsweise, dass neue Unternehmensteile ihre IT in die bereits vorhandenen IT-Strukturen integrieren müssen. Die globale Wirtschaft erfordert daher die Realisierung des Echtzeitunternehmens, welche durch SOA möglich sein soll. Einer serviceorientierten Architektur ist die räumliche Organisation eines internationalen Unternehmens egal. Geschäftsprozesse können durch Services leicht an die veränderten Bedingungen adaptiert werden. Unternehmen, die nicht frühzeitig auf den SOA-Zug aufspringen, riskieren ihre Marktposition und damit ihre Wettbewerbsfähigkeit, da ohne eine serviceorientierte Architektur beispielsweise neue Kunden nur schwer angebunden werden können und die Einführung einer SOA in das Unternehmen Zeit benötigt. [25] „Unternehmen, die das Potenzial von SOA ignorieren, werden durch deren Konkurrenten vom Platz gedrängt, die ihre Agilität verbessert und bereits die neue Art von Unternehmen adaptiert haben." [9]

5.2.2 Die Versprechungen der Software-Anbieter

Die Software-Anbieter haben schon seit einiger Zeit den Trend in Richtung Serviceorientierung entdeckt und versuchen selbstverständlich damit Umsatz zu machen. Leider passiert dies oft auf Kosten der unwissenden Kunden, da vielen Produkten ein SOA-Stempel aufgedrückt wird, obwohl diese nur im entferntesten Sinne etwas mit verteilten Anwendungen oder der Bereitstellung von Schnittstellen zu tun haben. [25] Eine der wohl kritischsten Versprechungen ist, dass eine Software die ursprüngliche im Unternehmen bestehende Anwendungsarchitektur vollautomatisch oder nur mit wenigen Klicks und geringem Zeitaufwand in eine SOA überführen kann. [26] Dieser Prozess sollte vielmehr im Detail analysiert, dokumentiert und dadurch auf einem effektiven Wege durchgeführt werden, um tatsächlich zu einem exzellenten Ergebnis zu führen. Auch Versprechungen wie die Reduktion von Entwicklungs- und Infrastrukturkosten um 40 bis 50 Prozent sind hoch gepokert *(siehe Abbildung 8)*. [27]

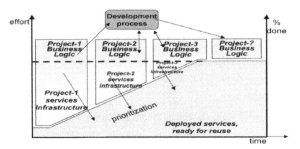

Abbildung 8: Einsparpotenzial durch SOA [14]

Besonders in der Einführungsphase einer SOA entstehen extreme Kosten dieser Art. Erst nach einiger Zeit, wenn eine größere Prozentzahl an Services verfügbar ist, zahlen sich die anfänglichen Investitionen aus. [14]

Trotz ihrer oft leeren Versprechungen sorgen die Anbieter dafür, dass SOA in aller Munde ist und kaum an seinem positiven Antlitz verliert.

5.2.3 Der Ansturm auf Web Services (und Abgrenzung zu diesen)

Ein weiterer Grund für den Hype um SOA liegt in der positiven Entwicklung von Web Services, die sich zunehmender Beliebtheit und Akzeptanz erfreuen, wie aus der folgenden Abbildung zur Entwicklung von Web Services in Deutschland zwischen 2002 und 2005 hervorgeht.

Abbildung 9: Entwicklung von Web Services in Deutschland (2002-2005) [28]

Führende Hersteller wie SAP, IBM und Microsoft stellen Web Services teilweise in den Mittelpunkt ihrer Software und bieten alle zumindest die Möglichkeit einer auf Web Services basierenden Kommunikation. Laut Gartner Research werden mit siebzigprozentiger Wahrscheinlichkeit SOA und Web Services bis zum Jahre 2008 gemeinsam in mehr als 75 Prozent aller neuen SOA- oder Web Services-Projekte eingesetzt werden. [4] Heute bereits gelten Web Services als beliebteste Art und Weise, eine serviceorientierte Architektur praktisch umzusetzen.

Hieraus lässt sich auch die oftmalig falsche Gleichsetzung von SOA mit Web Services in der Literatur begründen. Web Services erfüllen die Anforderungen eines solchen Architekturmusters und versprechen eine leichte technische Umsetzung. Wie aber aus der folgenden Definition eines Web Services hervorgeht, geht es bei diesen um Technologiespezifikationen, während SOA ein Softwaredesignprinzip darstellt: [4] „Ein Web Service ist eine Komponente, die ihre Schnittstelle über Standard-Web-Protokolle anbietet." [29] Sie ist plattform- und programmiersprachenunabhängig.

Web Services stellen damit eine mögliche Implementierung des Konzepts der serviceorientierten Architektur dar. Weitere Möglichkeiten wären beispielsweise CORBA oder J2EE. Die Nutzung einer solchen Technologie bedeutet im Umkehrschluss aber nicht, dass es sich um eine SOA handelt, wie in den nachstehenden Abbildungen 10 und 11 besonders deutlich wird.

Größter Unterschied in diesen beiden Umsetzungsszenarios ist, dass in Abbildung 11 die Punkt-zu-Punkt-Verbindungen zwischen den Applikationen durch einen SOA Service Broker ersetzt werden, der für die Orchestrierung der Services sorgt und dabei alle Vorteile der Web Services in sich vereint: Transaktionen, Messaging und Sicherheit.

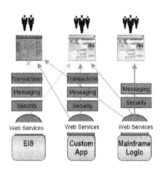

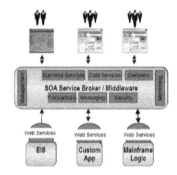

Abbildung 10: Web Services [24]   **Abbildung 11: SOA-basierte Web Services [24]**

Positiver Effekt dieser zumeist unscharfen Abgrenzung zwischen Web Services und SOA ist, dass die allgegenwärtigen Web Services die Mainstream-Wirkung von SOA steigern.

5.3   Prognose für die Zukunft

"Through 2007, growing enterprise experience with SOA process and SOA-based applications will eliminate the myths and instill appreciation for the real benefits of SOA in most enterprises. Evolving tools, skills and best practices will make development of SOA-style applications easier [...]." [4] Dies behaupteten Gartner Research im Jahre 2003.

Andere IT-Experten gehen heute davon aus, dass die Komplexität bisheriger SOA-Standards in Zukunft erheblich abnehmen wird, so dass Dienstentwickler in ihrer Arbeit entlastet werden und Unternehmen Änderungen in bestehenden Applikationen mehr als zuvor über neue Dienste ausführen werden. Dieser Vorgang wird unterstützt werden durch die Entwicklung und Bereitstellung von serviceorientierten Infrastrukturen auf Basis von Freeware und Open-Source, welche die Verbreitung von SOA antreiben und die leeren Versprechungen der großen Anbieter aufdecken werden. Der Markt der ESB-Anbieter wird dementsprechend in den nächsten zwei bis vier Jahren einer Konsolidierung begegnen, so dass wenige qualitativ hochwertige und preislich attraktive Hersteller den Großteil des Marktes bedienen werden. Kleinere Anbieter werden in Marktnischen tätig sein. [14]

Um zu sehen, ob diese Behauptungen einer genaueren Untersuchung standhalten, erfolgt nun eine Gegenüberstellung der gegenwärtigen Vor- und Nachteile einer SOA, welche sich aus den vorangegangenen Überlegungen im Rahmen dieser Arbeit ergeben. Die folgende Tabelle kann nicht nur Unternehmen bei der Entscheidung für oder gegen die Einführung einer serviceorientierten Architektur helfen sondern auch dabei, eine auf Fakten beruhende Zukunftsprognose für SOA herzuleiten.

Pro	Kontra
• Die Orchestrierung von Diensten ermöglicht flexiblere Reaktionen auf sich verändernde Marktanforderungen. • Geschäftsprozesse oder Teile von diesen können auf Basis der standardisierten Dienste ausgelagert werden. • Die Kapselung der Implementationsdetails reduziert die Komplexität und macht die unternehmensweite IT-Struktur beherrschbarer. • Wiederverwendung und Integration führen zu Kostenersparnissen bei Entwicklung und Wartung der IT-Systeme. • SOA ermöglicht einen Investitionsschutz, da sie unabhängig von bereits vorhandenen Legacy-Systemen ist. • Durch die Möglichkeit zur fachlichen Partitionierung der bestehenden IT-Landschaft kann Software stufenweise abgelöst werden. • Dienste können inkrementell entwickelt werden. • Neue Geschäftsprozesse können zu niedrigen Kosten in Diensten modelliert werden (Einsparpotenzial stellt sich mittelfristig ein). • Einzelne Dienste können in mehreren Geschäftszusammenhängen verwendet werden.	• Es existiert keine allgemein anerkannte Methode, um Dienste fachlich sinnvoll definieren zu können. Man benötigt daher Erfahrung, um Dienste modellieren zu können. • Die Anforderungen an die Performanz einer SOA können oft durch deren Eigenschaften wie lose Kopplung nicht getroffen werden. • Aufgrund der uneinheitlichen Begriffsdefinitionen für „SOA" und „Dienste" kommt es bei der Planung und Durchführung einer SOA-Implementierung zu Reibungsverlusten in der Kommunikation. • Die Einführungskosten einer SOA sind hoch.

Tabelle 1: Gegenüberstellung von Vor- und Nachteilen [7] [4]

Die Vorteile überwiegen klar gegenüber den Nachteilen. Neben dem derzeitigen Hype um SOA gibt es also auch fundierte Gründe für Unternehmen, eine serviceorientierte Architektur einzusetzen. Sie ist jedoch nicht „the ultimate architecture for the modern enterprise" [4]. Sie eignet sich insbesondere für Großunternehmen, „die ihre IT für erhöhte Anforderungen an Beweglichkeit und Innovation fit machen und das Prozessdenken auf allen Ebenen fördern und umsetzen wollen" [6]. Da dies offensichtlich dem derzeitigen Trend entspricht, sieht die Zukunft für SOA äußerst vielversprechend aus.

6   Zusammenfassung

Die vorliegende Arbeit hat eine prägnante Definition des Begriffs "Serviceorientierte Architektur" über die Begriffsbestandteile Softwarearchitektur und Serviceorientierung erlangt.
Aufbauend auf dieser Definition konnten die Hauptmerkmale von SOA identifiziert werden,
die sich für die Alleinstellung dieses Architekturmusters verantwortlich zeichnen und deshalb
in einem so genannten „Tempel" dargestellt wurden. Anschließend wurde das Herz dieser
zukunftsweisenden Architektur, die Dienste, expliziert. Zur Erklärung der Funktionsweise
von SOA wurden die Rollen des Dienstnutzers, des Dienstanbieters und des Dienstverzeich-
nisses benannt und in ihrer Funktionsweise erläutert. Der Enterprise Service Bus wurde sowohl als Konzept als auch als konkretes Produkt zur Einführung einer serviceorientierten Architektur in einem Unternehmen verstanden. Diese Middleware ist bis heute genauso
schwammig definiert wie seine Verwandten SOA und Service.

Auch die Einsatzgebiete von serviceorientierten Architekturen sind noch keineswegs vollständig erkundet. Bisher wird SOA insbesondere zur Entflechtung der bestehenden Applikationsarchitektur, zur Einführung einer standardisierten Integrationsinfrastruktur und für das
Business Process Outsourcing benutzt.

Die historische Entwicklung von SOA zeigt, dass es die Antwort auf längst überfällige Fragen
und Problemstellungen der Integrationsarchitektur gibt und es mittlerweile zu einem regel-
rechten Hype um diese Architektur gekommen ist. Gegenwärtig wird der Begriff „Serviceorientierte Architektur" deshalb von Softwareanbietern marketingtechnisch missbraucht, indem
er jedem Produkt zugewiesen wird, was nur im entferntesten Sinne etwas mit Serviceorientierung zu tun hat. So kommt es auch, dass die Grenzen zu den äußerst populären Web Services
verlaufen, da diese gerne in Kombination mit SOA eingesetzt werden. Dem Wunsch der Unternehmen nach der Realisierung des Echtzeitunternehmens kommt SOA schon sehr nahe,
jedoch muss unter Beachtung der tatsächlichen Vor- und Nachteile einer Einführung der serviceorientierten Architektur immer noch abgewägt werden, ob der Einsatz von SOA in einem
effektiven Kosten-Nutzen-Verhältnis steht, welches sich zumeist erst bei großen Unternehmen ergibt.

Gartner Research gehen davon aus, dass "by 2008, SOA will be a prevailing software-
engineering practice [...] (0.7 probability)" [4]. Ob dieser Zeitpunkt tatsächlich eingehalten
werden kann, wird die Zukunft zeigen.

Literaturverzeichnis

[1]   Balzert, H. (2000). Lehrbuch der Software-Technik – Software-Entwicklung, 2.
        Aufl., Heidelberg u.a. 2000.

[2]   Hruschka, P., Starke, G. (2006). Das ist Software- und Systemarchitektur. Arc42,
        Aachen 2006. URL: *www.arc42.de/ArchitekturundAr.html*, Verifizierungsdatum:
        01.10.2006

[3]   Hasselbring, W. (2006). Software-Architektur, Springer-Verlag, Berlin 2006.

[4]   Natis, Y. V. (2003). Service-Oriented Architecture Scenario, Gartner, Stamford
        2003.

[5]   Schmelzer, H. J., Sesselmann, W. (2004). Geschäftsprozessmanagement in der
        Praxis, 4. Aufl., München u.a. 2004.

[6]   Imfeld, K. (2006). SOA – Someother Architecture? Paradigmawechsel in der IT
        und im Business. In: Sybor AG – The Newsletter (2006), Ausgabe 2, S. 11-13.

[7]   Richter, J.-P., Haller, H., Schrey, P. (2005). Serviceorientierte Architektur, Sprin-
        ger-Verlag, Berlin 2005.

[8]   Winter, R. (2006). Klare Begriffe für eine systematische Serviceorientierung.
        Compress Information Group, Thalwil 2006. URL: *www.infoweek.ch/
        archive/ar_single.cfm?ar_id=16724&ar_subid=2&sid=0*, Verifizierungsdatum:
        03.10.2006

[9]   Natis, Y. V., Schulte, R. (2003). Introduction to Service-Oriented Architecture,
        Gartner, Stamford 2003.

[10]   Dostal, W., Jeckle, M., Melzer, I., Zengler, B. (2005). Service-orientierte Archi-
        tekturen mit Web Services – Konzepte – Standards – Praxis, Spektrum Akademi-
        scher Verlag, München 2005.

[11]   Krafzig, D., Banke, K., Slama, D. (2004). Enterprise SOA: Service-Oriented
        Architecture Best Practices, Prentice Hall, 2004.

[12]   Sprott, D., Wilkes, L. (2003). Understanding Service-Oriented Architecture.
        Everware-CBDI, Berkshire 2006. URL: *cbdiforum.com*, Verifizierungsdatum:
        03.10.2006

[13]   Orchestration Patterns (2006). Serviceoriented architecture. URL: *orchestration-
        patterns.com/?q=node/13*, Verifizierungsdatum: 03.10.2006

[14]   Koschel, A., Starke, G. (2005). Serviceorientierte Architekturen (SOA), Objekt-
        spektrum, München 2005.

[15]   Bien, A. (2004). Das XML der Komponenten. In: Java Magazin (2004), Heft 11,
        S.100-105.

[16]   Cerny, C. (2006). SOA-Serie. Info Technologie Verlag GmbH, Wien 2006. URL:
        www.computerwelt.at/detailArticle.asp?a=105960&n=2, Verifizierungsdatum:
        11.10.2006

[17]   Manhart, K. (2006). Serviceorientierte Architekturen – Grundlegende Konzepte. TecChannel, 2006. URL: *http://www.tecchannel.de/entwicklung/grundlagen/ 456248/index.html*, Verifizierungsdatum: 13.12.2006

[18]   Trautvetter, J., Aydin, N., Billau, F. (2006). Vergleich von kommerziellen Implementierungen eines Enterprise Service Bus. Fachstudie, Universität Stuttgart, 2006.

[19]   Heutschi, R., Legner, C. (2005). Serviceorientierte Architekturen: Vom Konzept zum Einsatz in der Praxis. Arbeitsbericht, Universität St. Gallen, 2005.

[20]   Bundesverband Informationswirtschaft, Telekommunikation und neue Medien e.V. (2005). Business Process Outsourcing – Leitfaden – BPO als Chance für den Standort Deutschland. Bundesverband Informationswirtschaft, Telekommunikation und neue Medien e.V., 2005. URL: *http://www.bitkom.org/files/ documents/BITKOM_Leitfaden_BPO_Stand_20.09.05.pdf*, Verifizierungsdatum: 18.12.2006

[21]   Monachesi, A. (2004). Erprobte alte vs. wilde Neue – Wer setzt sich durch in der Banken-ICT? In: Netzwoche (2004), Heft 24, S. 10-12.

[22]   Heutschi, R., Reitbauer, S., Schachtner, M. (2005). Zuger Kantonalbank - Serviceorientierte Architektur für einen integrierten Beraterarbeitsplatz. Fallstudiensammlung, Universität St. Gallen, 2005.

[23]   Kumar, P., Perreira, M., Vaidya, S., Vosseler, F., Peltz, C. (2006). Moving from point-to-point integrations to SOA based integrations. HP, 2006. URL: *devresource.hp.com/drc/technical_white_papers/p2pSOA/index.jsp*, Verifizierungsdatum: 04.10.2006

[24]   Walter, T., Soth, P. (2004). Service Orientierte Architekturen mit BEA WebLogic. BEA Systems, 2004. URL: *www.jfs2004.de/folien/A2_BEA.pdf*, Verifizierungsdatum: 03.10.2006

[25]   Seemann, M. (2006). Serviceorientierte Architektur zwischen Hype und Business – Auf der Suche nach der „Theory of Everything". In: entwickler magazin (2006), Heft 3, S.100-105.

[26]   Software AG (2005). EntireX: XML-powered Integration in nur drei Schritten. Software AG, 2005. URL: *http://www.softwareag.com/de/products/entirex/ prod_info/concepts/default.asp*, Verifizierungsdatum: 18.12.2006

[27]   Buchmann, I. (2004). Service-orientierte Architektur – Radikale Innovation oder IT Modeerscheinung? PA Consulting Group, 2004. URL: *http://www.competence-site.de/it-infrastructure.nsf/EB9D5DB4D84F5081C1256F120049DFC4/$File/ soa_v9.pdf*, Verifizierungsdatum: 18.12.2006

[28]   Berlecon Research (2002). Web Services und E-Business-Integration: Chancen und Perspektiven im deutschen Markt. Berlecon Research, 2002. URL: *www.berlecon.de/studien/charts/200204WebServices/Entwicklung_WebServices.p df*, Verifizierungsdatum: 05.10.2006

[29]   Bergmann, R. (2004). Grundlagen des Electronic Business. Vorlesungsskript, Universität Trier, 2004.